ÉTUDE LITTÉRAIRE

SUR

BOILEAU-DESPRÉAUX

SA VIE ET SES ÉCRITS

PAR

GUILLAUME SCHEFFLER

DOCTEUR EN PHILOSOPHIE, MEMBRE DE L'INSTITUT STÉNOGRAPHIQUE
ROYAL DE DRESDE.

„Jugez-moi"
(Boileau: Préface de ses œuvres.)

POSEN.

JOSEPH JOLOWICZ LIBRAIRE-ÉDITEUR.

1876.

ÉTUDE LITTÉRAIRE

SUR

BOILEAU-DESPRÉAUX

SA VIE ET SES ÉCRITS

PAR

GUILLAUME SCHEFFLER

DOCTEUR EN PHILOSOPHIE, MEMBRE DE L'INSTITUT STÉNOGRAPHIQUE
ROYAL DE DRESDE.

„Jugez-moi!"
(Boileau: Préface de ses œuvres.)

POSEN.
JOSEPH JOLOWICZ LIBRAIRE-ÉDITEUR.
1876.

A

MONSIEUR G. KŒRTING

DOCTEUR EN PHILOSOPHIE, PROFESSEUR AU COLLÉGE
COMMUNAL DE DRESDE

HOMMAGE AFFECTUEUX

DE L'AUTEUR.

Deux opinions principales ont été établies sur la littérature du siècle de Louis XIV. Pendant que les partisans du classicisme font de cette époque non seulement l'idéal littéraire de son temps, mais encore celui de tous les temps, l'école romantique y voit un épisode majestueux, à la vérité, mais fortuit dans les destinées de la France, „un accident immortel", comme elle le dit elle-même.

De part et d'autre, selon nous, on a dépassé le but.

La littérature du siècle de Louis XIV n'a pas absorbé le génie de la France pour les temps à venir, mais elle ne s'est pas non plus, pareille à la fusée d'un feu d'artifice, élevée dans les airs pour s'évanouir ensuite brillante, mais sans retour.

La poésie française du siècle de Louis XIV a fait éclore le germe qui couvait déja dans la terre depuis la Renaissance, à savoir celui du classicisme, sans toutefois suivre la voie frayée par les poëtes du XVIème siècle.

Le XVIIème siècle réagit tout autant sur le domaine littéraire que sur le domaine politique et religieux contre les efforts du XVIème siècle. Pendant que les poëtes de la Pléiade restent populaires au fond, et que, malgré ses excès, Ronsard, leur chef, tant ravalé, à tort

selon nous, a pu, de son propre fonds, donner cours
à une poésie d'un esprit à la fois national et antique,
les poëtes du XVIIème siècle se débarrassent des liens
qui les unissent à la nation, et, affichant pour le vieil
esprit de la nation un injuste dédain, ils se ruent sur
l'antiquité et finissent par se transformer en elle.

Or, pour juger la littérature du siècle de Louis XIV,
il ne faut pas perdre de vue que, comme le dit fort
bien Guizot: „en France, le développement individuel
et social marche de front“. C'est ainsi que, au moment
où la France repousse définitivement la réforme, et où
Henri IV, Richelieu et Louis XIII érigent le superbe
édifice de l'unité monarchique, édifice que doit achever
et couronner Louis XIV, leur héritier fortuné, — paraît
Malherbe sur la scène littéraire, lequel, dédaignant la
voie ouverte par les poëtes de la Renaissance, jette les
fondements de cette littérature belle, mais abstraite et
trop rigoureusement disciplinée, qui, à l'époque de Louis
XIV, va, dans l'Art poétique de Boileau, obtenir son
expression la plus parfaite et servir de modèle aux écrivains des siècles à venir.

L'époque de Louis XIV, passant par des chemins
battus, n'ouvre donc point de voie nouvelle à la littérature, à la religion, à la politique, mais elle fait mûrir les
idées de l'ancienne voie, et, continuant la construction
de l'édifice, elle réussit à le couronner.

Ce point de vue est d'autant plus important qu'il
s'agit d'apprécier un écrivain qui, plus frappant que tous
ses contemporains, reflète les efforts littéraires de son
siècle; à savoir Boileau.

Peut-être ne retrouvera-t-on pas une seconde fois
dans la littérature française un homme qui, sans être grand
savant, ni grand poète, conservera une autorité aussi
absolue que celle dont Boileau a joui durant sa vie et
même au-delà des siècles.

Car non seulement les poètes les plus estimables de son temps l'ont reconnu leur maître sur le terrain de la critique, mais encore les philosophes du XVIIIème siècle ont respecté sa législation, et, ce qui plus est, la révolution, quoique abolissant tout, l'a laissée intacte. Encore de nos jours, même après que l'autorité de Boileau a été ébranlée dans la lutte soutenue par l'école romantique, le classicisme cite les maximes de son Art poétique comme l'homme de la loi les articles d'un code, et se flatte d'y voir la vraie poésie se transformer en réalité.

Dans cette controverse nous nous permettons de faire connaître notre opinion fondée sur l'étude du siècle de Boileau, de sa vie et de ses ouvrages, sans oser prétendre par-là avoir tranché la question.

Nicolas Boileau, Sieur Despréaux [1]), naquit à Paris [2]) le premier novembre 1636 [3]) le onzième enfant de la famille.

---

[1]) Il reçut ce surnom pour le distinguer de ses frères, à cause d'un pré situé au bout du jardin de la maison de campagne, que son père possédait au petit village de Crône, près de Paris. — Qu'on remarque de quelle manière son biographe écrit son surnom à savoir „Des Préaux.“

[2]) Pallissot (Mém. pour servir à l'hist. d. notre litt. depuis François I jusqu'à nos jours) ainsi que Voltaire (Siècle de Louis XIV) prétend que Boileau est né à Crône, près de Paris. Le biographe contemporain de Boileau, Des Maizeaux, comme la plupart de ceux qui ont écrit sur Boileau, citant Paris comme son berceau, on peut supposer que Pallissot et Voltaire ont pris le lieu d'où le surnom de Boileau est tiré pour celui de sa naissance.

[3]) La date de sa naissance n'en varie pas moins, tant relativement à l'année qu'au jour: on cite alternativement 1635, 1636 et 1637 ainsi que le 1. novembre et le 5 décembre. D'après la lettre de l'abbé de Boileau à Brossette, il faut établir le 1 novembre 1636 comme l'anniversaire de sa naissance (v. la lettre de l'abbé de Boileau à Brossette dans la correspondance entre Boileau et Brossette publ. sur les manuscrits originaux p. A. Laverdet p. 326).

Né faible et maladif, il eut le malheur de perdre sa mère déjà au berceau. Cette perte cruelle qui le remit entre les mains d'une méchante et vieille servante, de même qu'une opération chirurgicale qu'il subit à l'âge de dix ans et dont les suites le firent souffrir toute sa vie, laissèrent des traces dans son caractère: circonstances qui, d'après nous, font entrevoir une morosité, un penchant à l'aigreur qui, en effet, se fait voir parfois dans sa vie, comme dans ses critiques, et une antipathie pour les femmes, exprimée d'une manière peu délicate dans sa Xème satire.

C'est une locution générale de dire que „Boileau était loin d'annoncer ce qu'il serait un jour". Nous ne saurions nous ranger à cette opinion, bien que, à la vérité, elle semble appuyée du jugement porté par ses plus proches parents. On connaît bien les mots suivants que son père disait de lui: „Colin est un bon garçon; il n'a point d'esprit, et ne dira du mal de personne." Mais on sait peut-être moins ce que son beau-frère dit de lui d'une manière peu gracieuse. Celui-ci, qui s'était chargé de former Boileau au style de la procédure, se fâcha un jour de ce que son jeune clerc s'était endormi sur une dictée de sa propre composition et le renvoya à son père en le plaignant d'avoir un fils aussi mal doué, ajoutant: „qu'il ne serait qu'un sot toute sa vie."

Chacun a peut-être appris par l'expérience ce que vaut le jugement d'un parent, surtout quand son amour-propre est blessé; et, quant au témoignage du père dont le naturel était doux, et qui, selon Des Maizeaux, à cause de ses occupations, se trouvait rarement avec son fils, nous pouvons lui en opposer de plus importants qui relèvent le développement prématuré du talent individuel de Boileau.

Ce qui échappait à l'œil de ses parents, la sagacité de son maître Sévin sut le découvrir. Il reconnut

le premier les heureuses dispositions de son élève et
lui prédit les succès qu'il devait obtenir plus tard dans
sa carrière poëtique.

Voilà aussi ce qui s'accorde bien avec Des Maizeaux,
lorsqu'il dit: „que les auteurs que Boileau lisait au collége
avec le plus de goût et de plaisir, c'étaient ceux où il
trouvait une satire fine et judicieuse"[1])

Et Boileau appuie cela dans sa IXème satire où il
dit (de la satire):

> C'est elle qui, m'ouvrant le chemin qu'il faut suivre,
> M'inspira dès quinze ans la haine d'un sot livre;
> Et sur ce mont fameux où j'osai la chercher
> Fortifia mes pas et m'apprit à marcher. [2])

Au sortir du collége, pour satisfaire à ses parents,
Boileau

> ...... né d'ayeux avocats[3])
> Fils, frère, oncle, cousin, beaufrère de greffier[4])

fit son cours de droit et fut reçu avocat à l'âge de
vingt ans. Mais dans plusieurs passages de ses Epîtres
et de ses Satires, il exprime franchement que la fonction
d'un jurisconsulte praticien ne lui plaisait point.

Dans sa première satire qui parut peu de temps
après qu'il avait quitté le barreau, il s'adresse, sous le
personnage de Damon, ce nous semble, cette question.

> Dois-je, las d'Apollon, recourir à Barthole[5])

pour annoncer hautement à tout le monde:

> Avant qu'un tel dessein m'entre dans la pensée,
> On pourra voir la Seine à la Saint-Jean glacée[6])

---

[1]) Des Maizeaux: La vie de Boileau p. 25.
[2]) Oeuvres de Boileau (2 vol. Paris An. VII) T. I sat. IX
v. 204—207.
[3]) T. I. Ep. X v. 96. — [4]) Ep. V. v. 112. — [5]) et [6]) Sat. I
v. 114. v. 125, 6.

Boileau en donnant cette énergique réponse paraît faire allusion à sa famille qui

> pâlit et vit en frémissant
>
> Dans la poudre du greffe un poëte naissant [1])

Dans la IIme Epître, adressée à M. l'abbé des Roches, il l'exhorte d'éviter le tribunal et les procès, et cette belle fable de l'huître et des deux voyageurs qui forme une brillante conclusion de toute l'Epître, n'est-elle pas une fine et plaisante satire sur la Justice en général?

A ces passages, nous pourrions bien en ajouter d'autres [2]) qui respirent la même verve satirique et le même mépris pour une profession à laquelle Boileau avait appartenu. Nous avons, il nous semble, assez démontré que Boileau manquait de ce qui est essentiel c'est-à-dire du goût de cette vocation.

Après avoir renoncé au barreau, il embrassa la théologie pour la quitter aussitôt qu'il eut reconnu que la sévère obédience aux dogmes de l'église s'accordait mal avec l'indépendance de son caractère. Et ses opinions religieuses autant qu'elles se montrent dans sa vie et dans ses œuvres prouvent la vérité de cette assertion. Au milieu de son église Boileau manifestait des opinions libérales. Il penchait vers les Jansénistes qui, alors, aspiraient à réformer l'église catholique. A plusieurs reprises, il a exprimé avec franchise son opinion religieuse. Dans une de ces assemblées qui se tenaient dans la maison de campagne du président de Lamoignon, il a soutenu, en opposition aux Jésuites, avec audace et avec succès, ce dogme du jansénisme: „que ni la Confession ni l'Absolution du prêtre n'étaient suffisantes, si

---

[1]) T. I. Ep. V. v. 115, 6. [2]) V. p. e. T. I. Sat. VIII v. 299. 300. Ep. VI v. 47—50.

l'on n'avait dans son cœur du moins un commencement
d'amour pour Dieu."[1])

C'est cette même opinion qu'il a exprimée dans son
Epître sur l'amour de Dieu qui a rapport à cette dispute;
et, dans le Lutrin où prédomine une moquerie si inno-
cente du clergé, il lance, dans le VI Chant, un trait de
satire contre ces défenseurs de la fausse "Attrition",
lorsqu'il dit:

> Pour comble de misère, un tas de faux docteurs,
> Vint flatter les péchés de discours imposteurs:
> Infectant les esprits d'exécrables maximes
> Voulut faire à Dieu même approuver tous les crimes.
> Une servile peur tint lieu de charité;
> Le besoin d'aimer Dieu passa pour nouveauté
> Et chacun . . . . . conservant sa malice
> N'apporta de vertu que l'aveu de son vice.[2])

Dans sa satire sur l'Equivoque, Boileau est allé
même jusqu'à accuser directement les Jésuites d'un ren-
versement total de la morale de Jésus-Christ, et, dans
l'Epitaphe qu'il a écrite pour son ami, le janséniste Arnauld, il a peint les mérites de cet homme extraordinaire avec autant de force que de zèle et mis à découvert
les intrigues de ses ennemis, les jésuites.

Boileau fit bien, ce nous semble, de renoncer à un
état qui tôt ou tard l'aurait brouillé avec sa conscience
ou avec les autorités — choses qu'il ne voulait à aucun
prix, comme nous le verrons plus clairement dans ce
qui suit.

La mort de son père qui arriva dans cet intervalle
et qui le laissa avec "un léger revenu" assez "pour rouler
et pour vivre"[3]) décida de l'avenir de Boileau.

---

[1]) Des Maizeaux: La vie de Boileau p. 206.
[2]) T. I Le Lutrin. Ch. VI v. 51—58.
[3]) T. I. Ep. I v. 109, 10.

Cette petite fortune suffit à lui qui était très-économe[1]) pour vivre indépendant et se tenir éloigné de toute fonction publique. Sentant que

son astre en naissant l'avait formé poëte,[2])

il se voua entièrement à la poésie, surtout au genre, pour lequel il se sentait né — la satire.

Comme nous l'avons déjà vu, l'esprit satirique se révéla de bonne heure chez Boileau et l'état de la littérature de son temps n'était que trop disposé à allumer l'étincelle qui couvait dans sa poitrine.

Malherbe, comme nous l'avons dit ou commencement de notre travail, est le point de départ de cette littérature qui devait atteindre sa perfection sous le règne de Louis XIV. „Le tyran des mots et des syllabes“ n'attaqua pas la base, mais les résultats de la réforme de la Pléiade, non le sujet, mais la forme de ses poésies. Jusqu'au dernier moment, Malherbe combattit pour la pureté de la langue et de la versification qu'il croyait compromise par l'école de Ronsard.

Un certain courant du temps aida en quelque manière ces efforts.

Les cercles littéraires qui, dans la première moitié du XVIIème siècle, représentaient toute la vie intellectuelle de la nation, aspiraient, comme Malherbe, à donner à la langue plus de régularité et plus d'élégance.

Il est vrai que ces cercles littéraires, surtout sous l'influence des femmes qui en étaient le centre, ont contribué à donner à la langue française cette grâce et cette souplesse qui la rend apte à être plus qu'aucune

---

[1]) V. la Correspondance entre Boileau et Brossette. Appendice: Mém. de Br. sur B. p. 542. — Comp. Testament de Boileau, se trouvant à la fin de la même Correspondance p. 327—29.

[2]) L'art poétique. Ch. I. v. 4.

autre la langue de la société; et, c'est ainsi que, à leur insu, ces cercles littéraires ont aiguisé l'instrument dont Boileau se servait pour détruire les excès auxquels ils allaient se livrer plus tard. Mais ce qui n'est pas moins vrai, c'est que ces cercles littéraires rabaissèrent, sans contredit, la poésie à un jeu de société, croyant que la qualité essentielle de la poésie était l'élégance de la forme et son seul but de chanter les louanges de la femme. La poésie n'était donc plus qu'une affaire de mode et la position que les poëtes d'alors occupaient dans la société n'était point telle qu'ils pussent élever le niveau de la poésie.

Les grands et riches personnages de cette époque avaient coutume d'entretenir un ou plusieurs poëtes qui étaient chargés de chanter leurs louanges en échange des pensions qu'ils en recevaient. Les poëtes qui brillaient dans ces cercles littéraires, manquant eux-mêmes de talent, imitèrent les poésies italiennes et espagnoles qui, inondant la littérature française, malgré l'enflure du langage et les platitudes du fond furent considérées comme l'idéal d'une poésie à la fois élevée et choisie. Voilà comment le langage fut corrompu ainsi que le goût et voilà donc aussi comment les efforts esthétiques qui commençaient à avoir un certain succès n'en finirent pas moins par une décadence complète du goût qui avait tant besoin d'une réforme énergique.

On connaîtra le mieux cette décadence du goût en considérant que, aux yeux des contemporains, Scudéry balança Corneille, que Racine concourut avec Pradon, que Scarron, peu de temps avant Molière et Lafontaine fut estimé comme poète comique de premier ordre, que Bouillon fut plus estimé que Lafontaine[1]), et que Cha-

---

[1]) V. T. II. Dissertation sur Joconde par B. p. 99.

pelain, avant Boileau, fut regardé comme le critique le plus distingué, comme l'oracle de la littérature.

Il ne faut donc pas s'étonner de trouver dans la liste royale des pensions de l'année 1663 à côté des noms de Racine, de Molière et des deux Corneille, les noms de Benserade, de l'abbé de Pure, de Cotin, de Perrault, de Chapelain et de bien d'autres qui ne doivent qu'aux satires de Boileau que l'on connaisse encore aujourd'hui leurs noms.

Peut-on s'étonner que le publique choisi ne pût distinguer entre de bons et de mauvais ouvrages si les hommes les plus célèbres du temps, des prélats et des capitaines, lisaient avec assiduité les ouvrages des poètes médiocres et cherchaient à en découvrir les beautés, et si des hommes tels que Lafontaine et Boileau lui-même avaient considéré ces poésies comme des modèles de la littérature française[1]. Dieu sait ce que le célèbre critique pensait dans son âme, lorsque, à la fin de sa carrière poétique, et après avoir guéri son époque de cette maladie dont il avait souffert d'abord lui-même, il racontait à Brossette, jeune ami de sa vieillesse, qu'il avait composé, en seconde, au collége, une tragédie „dont il avait pris l'idée dans des livres de chevalerie."[2]

L'état de la littérature d'alors exigeait donc un tel critique qui laissait à l'Italie et à l'Espagne,
de tous les faux brillants l'éclatante folie

---

[1] C'est ce que Boileau nous avoue lui-même dans le discours sur „les Héros de roman" lorsqu'il dit: „Comme j'étais fort jeune dans le temps que tous ces romans, tant ceux de mademoiselle de Scudéry que ceux de la Calprenède et de tous les autres, faisaient le plus d'éclat, je les lus — avec beaucoup d'admiration, et je les regardai comme de chefs-d'œuvre de notre langue." T. II p. 6, 7.

[2] Mémoires de Brossette sur Boileau-Despréaux p. 534.

qui rétablissait „le bon goût" et „le sens commun" qui,
lorsqu'il chassa du Parnasse les rimailleurs, débarrassait
de cette mauvaise herbe le champ des vraies poètes
tout en leur servant de guide et leur fournissant des
modèles pour leurs ouvrages futurs.

C'est le mérite incontestable de Boileau d'avoir
accompli seul cette tâche et seulement par des moyens
littéraires. Il fallait une rare union des qualités de
l'esprit et de l'âme pour accomplir cette tâche gigan-
tesque; Boileau les eut.

Il est rare qu'un auteur juge de ses dispositions
pour la poésie aussi bien que Boileau le fit lui-même.
Il savait que

la nature fertile en esprits excellents
Sait entre les auteurs partager les talents [1])

et qu'

un esprit qui se flatte et s'aime
Méconnaît son génie et s'ignore soi-même [2])

Il reconnut donc que les limites de son talent étaient
bien restreintes; aussi ne les a-t-il jamais dépassées [3]),
tandis qu'il a bien eu raison de se sentir né pour la
satire.

---

[1]) T. I. l'Art poët. I v. 13, 4.

[2]) ib. v. 19, 20.

[3]) Nous n'ignorons pas qu'on nous fera observer qu'il en agit
ainsi lorsqu'il composa son ode sur la prise de Namur. Cependant
on doit envisager cet ouvrage sous un autre point de vue qu'on
ne l'a fait jusqu'ici. Dans la fameuse dispute entre Boileau et
Perrault sur les mérites des anciens auteurs sur les modernes,
Boileau défendit la cause des anciens avec autant d'adresse
que de ferveur. Comme la plupart des lecteurs qu'il s'était proposé d'éclaircir sur le prix des anciens, ne fut point en état
de s'en rendre compte par la lecture de l'original, Boileau entre-
prit de leur en fournir la preuve en ce qu'il composa une ode
du genre de Pindare, dont le sujet était puisé aux exploits de

Depuis son premier début poétique, jusqu'aux poésies de sa vieillesse, nous trouvons cette même pensée, exprimée d'une manière bien différente:

C'est pour elle

c'est-à-dire pour la satire —

que j'ai fait vœu d'écrire! [1])

Si Boileau, rendu sage par les expériences désagréables que ses premières satires lui firent faire, s'écrie:

. . . . . quittons la satire

C'est un méchant métier que celui de médire [2]),

il ne le fait que pour ajouter, quelques vers après, sa vraie opinion:

. . . . . quand il faut railler . . . .

Alors, certes, alors, je me connais poète

— — —

. Mes mots viennent sans peine et courent se placer [3])

Si je te loue, ô roi, — dit-il dans la I Epître: —

Je sens au bout de ma plume expirer la satire [4])

Mais — si expellas naturam furca, tamen usque recurret — et c'est ainsi que nous lisons, une fois dans la même Epître:

. . . . c'est vainement qu'abjurant la satire

Pour toi (roi) seul j'avais fait vœu d'écrire [5])

———

Louis XIV, et c'est ainsi que l'ode sur la prise de Namur prit naissance.

Cet ouvrage est donc moins à considérer comme l'effet d'un élan poétique que tout bonnement comme l'illustration des arguments sur lesquels Boileau s'appuie. —

Voir le discours de cette ode. Tome I. pag. 281—283.
Comp. Des Maizeaux pag. 170—175.

[1]) Tome I. Sat. IX. v. 284, 5.
[2]) Tome I. Sat. VII. v. 1, 2.
[3]) ib. v. 33, 4, 5.
[4]) ib. Ep. I. v. 177.
[5]) ib. v. 1, 2.

d'autre part, dans la VIIIème Epître:

     Tu sais bien — ô roi — que mon style est né pour
                              la satire[1])

Au comble de sa gloire, à la fin de l'Art poétique,
nous trouvons ces mots:

          . . . . jusqu'ici nourri dans la satire[2])

— et presque septuagénaire, il prend congé de ses
lecteurs par ces mots:

     . . . . . aujourd'hui terminant ma course satirique[3])

     A cette opinion qu'il était „né pour la satire“, Boileau
joignit la vue claire que la satire seule pourrait enlever
à son époque ses erreurs littéraires:

          La satire —

dit-il dans sa IXème satire —

     — en leçons, en nouveautés fertile
     Sait seule assaisonner le plaisant et l'utile
     Et, d'un vers qu'elle épure aux rayons du bon sens,
     Détromper les esprits des erreurs de leur temps[4]).

     Nous apprenons par ce passage quel genre de sa-
tire Boileau choisira — celui qui joint „le plaisant
à l'utile“ la satire du genre d'Horace.

     Cherchons maintenant à découvrir où Boileau trempa
ses armes pour la lutte intellectuelle qu'il soutint alors.

     Boileau n'était certes pas une génie créateur, il ne
tirait pas de lui-même, mais des œuvres de l'antiquité
le sujet de ses écrits. L'étude des grands modèles
classiques lui fit connaître combien peu de chose valaient
les poésies qui jouissaient alors de la faveur publique;
il fut saisi d'indignation et il résolut de détruire la poésie

---

[1]) V. I. Sat. VII. ib. Ep. VIII. v. 2.
[2]) T. I. l'Art poét. IV v. 223.
[3]) ib. Sat. XII v. 337.
[4]) ib. Sat. IX v. 272—274.

alors en vogue à l'aide des écrits de l'antiquité. On est donc forcé de convenir que la matière même de ses œuvres, à savoir les idées qui y brillent, ne lui sont pas propres, mais ce qui est bien à lui c'est la manière dont il travaille les pensées d'autrui en les appropriant à l'esprit de son siècle et à ses goûts particuliers.

De tous les temps, on lui a fait le même reproche, d'avoir pillé les modèles de l'antiquité. Nous ne pouvons mieux répondre à ce reproche qu'en appliquant les paroles mêmes de Boileau par lesquelles il a défendu Lafontaine dans sa dissertation sur Joconde, déjà mentionnée plus haut. Ce n'est pas sans dessein, à ce qu'il nous semble, que Boileau a appuyé si fortement sur la différence qui existe entre les imitations faites avec ou sans esprit. „M. de la Fontaine, dit-il, a pris à la vérité son sujet de l'Arioste; mais, en même temps, il s'est rendu maître de sa matière: ce n'est point une copie qu'il a tirée un trait après l'autre sur l'original, c'est un original qu'il a formé sur l'idée que l'Arioste lui a fournie"[*]).

Ne dirait-on pas que Boileau a préparé d'avance la défense qui lui était nécessaire et cela d'une manière des plus ingénieuses?

Boileau, et nous revenons ainsi après cette petite digression à notre point de départ, a choisi parmi tous les modèles que l'antiquité lui offrait celui qui convenait le mieux à son but, celui qui joint „le plaisant à l'utile" à savoir Horace.

Il n'y a pas de nom que nous trouvions aussi souvent dans les ouvrages de Boileau que celui d'Horace. Boileau avoue lui-même qu'il a appris beaucoup „du commerce d'Horace" qu'il l'imite bien des fois dans ses

---

[*]) T. II. Dissertation sur Joconde p. 100.

vers, il recommande de „marcher sur les pas fameux d'un
si noble écrivain" et, à plusieurs reprises, il exprime
le désir „d'aller comme un Horace à l'immortalité."
C'est dans le passage de son Art poétique où il passe
en revue les différents poëtes satiriques[1]) que nous
pouvons constater le mieux son penchant pour Horace.
Perse lui est „trop obscur"; il répugnait à son esprit
clair et méthodique de le prendre pour modèle. Suivant
Boileau, Juvénal „poussa trop loin sa mordante hyper-
bole." Régnier lui paraît trop „obscène" dans ses
écrits. Horace seul le satisfait parcequ'il possède un
style agréable et:
     A son aigreur mêla son enjouement[2])

On a blâmé Boileau d'avoir pris pour modèle Horace
au lieu de Juvénal. Mais pourquoi vouloir le forcer
à marcher dans une voie absolument opposée à celle
où le poussaient ses penchants? A ce qu'il nous semble,
il a trouvé la voie qui convenait le mieux à son talent.
Il a prouvé ainsi, non seulement qu'il jugeait bien de
ses talents, mais encore qu'il connaissait bien les goûts
de ses compatriotes. Si Boileau avait été un satirique
comme Juvénal, il n'eût pas joui, sans doute, des succès
qu'il remporta en imitant le genre d'Horace. Sa voix
comme celle du prédicateur se serait perdue dans le
désert; peut-être ceux-là mêmes qu'il avait livrés à la
moquerie générale se seraient-ils moqués de lui. Mais
comme Boileau disait la vérité tout en raillant, il dut
remporter des succès auprès d'un peuple si sensible au
ridicule comme les Français: „Alles erträgt (der Fran-
zose) lieber, als dass man über ihn lache, Unglück und
Schmerz sind ihm nichts gegen Spott;" tel est l'avis

---

[1]) Comp. T. I. l'Art poét. II. v. 145—167.
[2]) T. I. l'Art poét. II. v. 151.

de M. Hillebrand sur les Français de nos jours dans
son excellent ouvrage: „Frankreich und die Franzosen
in der zweiten Hälfte des 19. Jahrhunderts.“ Nous
trouvons déjà la même peur du ridicule chez les contemporains de Boileau. Le Misanthrope de Molière
n'échoua pas parcequ'il valait peu de chose, mais parceque
le poète avait mystifié le parterre en le forçant d'applaudir un sonnet dont l'auteur lui même se moqua plus
tard [1]). Et lorsque Boileau dévoila au public les défauts de ces œuvres qui jouissaient alors de la faveur
publique, il encourut les reproches de ceux-mêmes qui
ne s'étaient jamais rangés du côté des mauvais poètes,
et pourquoi? — parceque, comme Boileau le dit luimême [2]), ils se sentaient mortifiés d'avoir admiré si longtemps des ouvrages dont ils connaissaient seulement
alors l'insipidité.

Dans tous les ouvrages de cette première période [3])
que l'on peut nommer la période négative et aggressive,
nous trouvons toujours les mêmes efforts pour rendre
ridicules les mauvais poètes aux yeux de ses contemporains. Soit que Boileau se moque „des faiblesses de
son temps“ [4]) ou bien „de la folie des hommes“ [5]), soit
qu'il parle „de la difficulté de trouver la rime“ [6]) ou
bien „d'un repas ridicule“ [7]), soit qu'il chante les louanges
du roi, partout il fait entrer d'une manière imprévue
la raillerie de „ces rimeurs en dépit de Minerve et du

---

[1]) V. Oeuvres de Molière. Misanthrope acte I Scène 2.

[2]) T. I. Discours sur la Satire p. 9, 10.

[3]) Cette première période (de 1660—1668) a vu naître — à part
une série de poésies de peu d'importance — suivant l'ordre
chronologique: Sat. I, VI, VII, II, III, IV, V. Discours au
roi. Dissertation sur Joconde. Les Héros de roman (Comp. p. 41)
Sat. IX, Ep. II, Sat. VIII, Ep. I.

[4]) Sat. IV. — [5]) Sat. VIII. — [6]) Sat. II. — [7]) Sat. III. —

bon sens" et il les envoie rimer dans l'eau „la tête la première."

Quelle ironie n'y a-t-il pas dans les paroles de Boileau lorsqu'il envie le sort de Pelletier qui fait „tous les jours un sonnet;" et quel contraste forme avec ces paroles cette critique sévère que Boileau fait exprimer à l'hôte (dans le repas ridicule):

> . . . . j'ai tout Pelletier
> Roulé dans mon office en cornets de papier [1])

Voyez aussi de combien de traits Boileau accable ce fanfaron de Scudéry:

> . . . . dont la fertile plume
> Peut tous les mois sans peine enfanter un volume!
> Tes écrits, il est vrai, sans art et languissants
> Semblent être formés en dépit du bon sens.
> ———————
> Et quand la rime enfin se trouve au bout des vers
> Qu'importe que le reste y soit mis de travers? [2])

Il dessine d'une manière analogue un véritable portrait de Chapelain, ce critique si distingué avant Boileau:

> Attaquer Chapelain! ah! c'est un si bon homme!
> Balzac en fait l'éloge en cent endroits divers.
> Il est vrai, s'il m'eût cru, qu'il n'eût point fait de vers.
> Il se tue à rimer: que n'écrit-il en prose?
> Voilà ce que l'on dit. Et que dis-je autre chose?
> En blâmant ses écrits, ai-je d'un style affreux
> Distillé sur sa vie un venin dangereux?
> ———————
> Mais que pour un modèle on montre ses écrits
> Qu'il soit le mieux renté de tous les beaux esprits;

---

[1]) Tome I. Sat. III. v. 26, 7.
[2]) ib. Sat. II. v. 77—84.

Comme roi des auteurs qu'on élève à l'empire.
Ma bile alors s'échauffe, et je brûle d'écrire,
. . . .
Ainsi, sans m'accuser, quand tout Paris le joue
Qu'il s'en prenne à ses vers que Phébus désavoue,
Qu'il s'en prenne à sa muse allemande en français,
Mais laissons Chapelain pour la dernière fois. [1])

C'est ainsi que Boileau s'attaque successivement à tous les poëtes à la mode, une fois en les spécialisant, une autre fois en les soumettant à une critique générale, comme nous le voyons p. e. dans la IIIème Satire, où les invités louent infiniment les poésies en vogue; mais ce sont des louanges qui ressemblent fort à des traits satiriques:

. . . . la Serre est un charmant auteur
Ses vers sont d'un bon style, et sa prose est coulant
La Pucelle est encore une œuvre bien galante,
Et je ne sais pourquoi je baille en la lisant.
Le Pays, sans mentir, est un bouffon plaisant!
Mais je ne trouve rien de beau dans ce Voiture
Ma foi, le jugement sert bien dans la lecture,
A mon gré, le Corneille est joli quelques fois
En vérité, pour-moi j'aime le bon français
Je ne sais pas pourquoi l'on vante l'Alexandre;
Ce n'est qu'un glorieux qui ne dit rien de tendre.
Les héros chez Quinault parlent bien autrement,
Et jusqu'à Jo vous hais, tout s'y dit tendrement [2])

Dans la IXème satire Boileau se précipite d'abord sur les mauvais poëtes avec une vraie furie:

Que vous ont fait Perrin, Bardin, Pradon, Hainaut,
Colletet, Pelletier, Triteville, Quinault.

---

[1]) T. I. Sat. IX v. 209—47.
[2]) Tome I. Sat. III. v 175—185.

Dont les noms en cent lieux, placés comme en leur
niches,
Vont de vos vers malins remplir les hémistiches?
Ce qu'ils font vous ennuie. O le plaisant détour!
Ils ont bien ennuyé le roi, toute la cour,
Sans que le moindre édit ait, pour punir leur crime,
Retranché les auteurs, ou supprimé la rime.
Ecrive qui voudra. Chacun à ce métier
Peut perdre impunément de l'encre et du papier.
Un roman, sans blesser les lois ni la coutume
Peut conduire un héros au dixième volume.
De là vient que Paris voit chez lui de tout temps
Les auteurs à grands flots déborder tous les ans[1]),

puis il change complètement de ton, lorsqu'il les déclare
ironiquement bons poëtes:

Je le déclare donc: Quinault est un Virgile.
Pradon comme un soleil en nos ans a paru;
Pelletier écrit mieux qu'Ablancourt ni Patru;
Cotin, à ses sermons traînant toute la terre,
Fend les flots d'auditeurs pour aller à sa chaire;
Sofal est le phénix des esprits relevés;
Perrin . . . Bon, mon esprit! courage! poursuivez.
Mais ne voyez-vous pas que leur troupe en furie
Va prendre encore ces vers pour une raillerie?[2])

Une autre rare qualité de Boileau qui devait lui
procurer un heureux succès dans la lutte qu'il avait
engagé avec tant d'ardeur, consistait en ce qu'il dé-
couvrit tout d'abord les hommes qui possédaient de
réels talents dans la littérature, et qu'il ne tarda pas
à les reconnaître sans envie et sans réserve. Il a le

---

[1]) Tome I. Sat. IX. v. 97—110.
[2]) ib. v. 293—301.

premier, distingué les mérites particuliers des grands
écrivains qui ont illustré le siècle de Louis XIV. avant
qu'aucun autre ne les eût remarqués et la postérité
a approuvé la justesse de son jugement et de sa per-
spicacité.

Dans sa dissertation critique sur Joconde, Boileau
a démontré clairement ce qu'il y a de caractéristique
dans le style et dans le talent de Lafontaine: à savoir
„le langage simple et naturel“ et „l'inimitable naïveté“
„que peu de gens connaissent“ [1]) comme Boileau ajoute
en terminant.

Il a fait preuve de la même subtilité à l'egard de
Molière „ce fameux et rare esprit;“ car, c'est ainsi qu'il
l'appelle dans sa IIème satire. A plusieurs reprises,
Boileau a signalé les talents extraordinaires de cet
auteur. Il lui envie „la facilité de trouver la rime“ il
loue la charmante naïveté des œuvres de Molière et,
ce qui est plus encore, il a reconnu le philosophe sous
le masque comique [2]). Et, lorsque le roi lui demanda
un jour qui était le plus grand poète de son temps,
Boileau ne tarda pas à répondre: Sire, c'est Molière.
On connaît la réponse du roi: Je ne le savais pas,
mais vous le savez mieux que moi. Qui sait, si dans
cette réponse du roi ne se trouve pas renfermée l'opinion du public éclairé d'alors sur Molière?

Et, la postérité n'a-t-elle pas absolument souscrit
au jugement que Boileau porta sur la Phèdre de Racine, lorsqu'il disait à son ami dans la VIIème Epître
pour le consoler de son échec: que les temps à venir
admireront les mérites de sa Phèdre et ne concevront
pas comment il ait été possible d'avoir donné la préférence à la pièce de Pradon.

---

[1]) T. II. Dissertation sur Joconde p. 107.
[2]) V. T. I. Stances à M. de Molière p. 303.

Qu'on ne croie pas cependant que les fautes de ces
auteurs, dont il a si bien su reconnaître le mérite, aient
échappé à la critique de Boileau. Dans son Art poétique, il fait allusion à Lafontaine, à ce qu'il nous semble,
dans ces vers:

> Je ne puis estimer ces dangereux auteurs
> Qui — — — — —
> Aux yeux de leurs lecteurs rendent le vice aimable [1]).

Il reproche à Molière de s'être laissé aller à des
platitudes, indignes de son mérite; c'est ce qu'il exprime
dans les vers si connus:

> Dans ce sac ridicule où Scapin s'enveloppe
> Je ne reconnais plus l'Auteur du Misanthrope [2]).

Et les Epigrammes mordantes sur les faibles tra-
gédies de Corneille Agésilas et Attila:

> Après l'Agésilas — Hélas!
> Mais après l'Attila — Holà! [3])

peut-être ont-elles le plus contribué à précipiter Corneille
du thrône où sa gloire l'avait porté.

Dans cette lutte qui avait pour but de confondre
les mauvais poëtes et de mettre à leur place les véritables talents, l'impartialité avec laquelle Boileau jugeait
ceux-ci, devait lui assurer tout au moins leur secours
et leur amitié.

Cependant l'issue de cette lutte eût été douteuse
si Boileau n'eût pas eu la prudence de se munir de la
faveur du roi.

---

[1]) T. I. Art poét. v. 93, 4, 6.
[2]) T. I. Art poét. III. v. 400, 401.
[3]) ib. Epigrammes p. 297.

Boileau ne manquait pas d'expérience et il semble
que ces paroles de la sainte Écriture:

Soyez prudents comme des serpents,
mais innocents comme des colombes,

aient été une de ses maximes. Malgré les opinions libérales que Boileau a émises, à plusieurs reprises, en
fait de religion*), il a accompli les devoirs que l'église
catholique impose à ses fidèles. — Boileau n'a fait im-
primer le Vème et VIème chant de son Lutrin*) où il blâme
les partisans de la fausse attrition qu'une dizaine d'an-
nées plus tard, ainsi que la satire sur l'Équivoque*) et
l'Epître sur l'amour de Dieu*), et lorsque la dispute
qu'il avait eue avec les Jésuites et à laquelle il fait
allusion dans ces ouvrages, était presque tombé dans
l'oubli. Il a ordonné qu'on ne publiât l'Epitaphe sur
Arnauld*) qu'après sa mort pour ne pas entrer en col-
lision avec les Pères Jésuites. Il s'est aussi laissé influencer par les circonstances environnantes à l'egard
des sciences et des lettres. Il n'a publié, de sont vivant, ni (son roman) des Héros de roman, comme Des
Maizeaux l'affirme, ni une série d'autres dialogues en
prose, comme l'affirme Boileau lui-même „parce que des
considérations particulières l'en ont empêché"**).

On voit par là que Boileau connaissait trop bien
le public d'alors pour espérer de venir à bout de ce
qu'il s'était proposé sans être appuyé par la faveur
du roi.

Les jugements qu'on a portés sur l'influence que
Louis XIV a exercée sur la littérature de son époque,
ont été très-différents. C'est surtout de nos temps qu'on

---

*) Comp. pag. 12—14.
**) Avertissement de l'édition des œuvres de Boileau de
1674. Comp. Des Maizeaux p. 95.

s'est efforcé de prouver que l'influence du roi sur la
littérature n'a été que nuisible. Il faut avouer que le
roi n'a eu ni trop de jugement ni trop de goût pour
les lettres et les sciences. Cela est vrai, mais ce qui n'est
pas moins vrai, c'est que le roi prit un vif intérêt à tout
ce qui concernait la littérature et qu'il protégea et
secourut ceux qui se vouèrent à la littérature et lui
donnèrent un nouvel essor.

Or, on n'a pas connu la véritable nature des relations qui existaient entre le roi et Boileau; et ce sont
surtout ces mots de Voltaire: „flatteur de Louis“ qui
pèsent lourdement sur la mémoire du poëte.

A la vérité, on ne saurait tout à fait absoudre le
poëte d'une espèce de flatterie envers le roi. Mais ce
serait une erreur que de généraliser ce qui n'a de la
valeur que dans un sens bien restreint. Sans doute,
dans ce temps où Boileau était lié étroitement avec la
cour, la façon dont il parle du roi, de ses qualités et
de ses exploits, est exagérée et mérite le reproche,
mentionné plus haut. Pourtant il ne faut pas oublier
que presque tous les grands écrivains de l'époque de
Louis XIV. se sont rendus coupables de la même faute,
et, hâtons-nous de le dire, le poëte n'a, pour cela,
nullement sacrifié son indépendance et sa conviction.
Boileau n'a pas hésité à parler „du misérable Scarron“
en présence de sa Majesté et de madame de Maintenon,
veuve de Scarron, devenue l'épouse secrète du roi. Et,
lorsque le roi lui demanda son opinion sur un poëme
qu'il s'était amusé à faire, Boileau lui répondit d'une
manière à la fois ingénieuse et franche: Votre Majesté
a voulu faire de mauvais vers et elle y a parfaitement
réussi. A une certaine époque où le roi avait défendu
de parler publiquement de Tartuffe, Boileau, en opposition avec la volonté royale, défendait la cause de
son ami Molière avec autant de zèle que de succès.

Quel contraste forment avec ces paroles de Voltaire, mentionnées plus haut, les relations qui existaient entre le roi et Boileau dans ce temps où le poëte, fatigué de la cour, s'était retiré à Auteuil, sa résidence de l'âge mûre. Dans les œuvres de cette époque[1]) on peut constater un silence très éloquent à l'égard du roi et le lien qui unissait auparavant ces deux esprits rares finit par se rompre à la veille de leur mort. Le roi, poussé par les Jésuites, insista pour que Boileau supprimât l'Epître sur l'Equivoque dans la dernière édition de ses œuvres que le poëte était en train de préparer, mais Boileau n'y consentit jamais. Il préféra renoncer tout à fait à une nouvelle édition plutôt que de la „mutiler" pour satisfaire la volonté royale.

Boileau est mort sans que jamais l'accord ait été rétabli entre eux[2]).

Et, alors même qu'il se trouva encore privé de la faveur royale, si nécessaire à la tâche qu'il s'était imposée, la manière dont il chercha à l'obtenir, était digne de lui et de son mérite. La vérité est qu'il loue aussi le roi dans les œuvres de cette première époque de sa carrière poétique, mais ces louanges ne choquent point, elles forment plutôt l'ornement de ces poésies. Les éloges que le poëte y donne à son roi sont fins, quelquefois plus fins, que ceux dont Horace comble l'empereur Auguste; et, en même temps, ils ne manquent point de cette franchise, qu'il a poussée jusqu'à dire à ce prince ambitieux et toujours prêt à recourir aux armes:

> Mais, quelques vains lauriers que permette la guerre,
> On peut être héros sans ravager la terre.

---

[1]) Comp. pag. 40.
[2]) On fit imprimer secrètement cette satire, peu de jours après la mort de l'auteur. — Comp. Des Maizeux p. 283.

Il est plus d'une gloire. En vain aux conquérants
L'erreur, parmi les rois, donne les premiers rangs,
Entre les grands héros, ce sont les plus vulgaires.
Chaque siècle est fécond en heureux téméraires.
Chaque climat produit des favoris de Mars;
La Seine a des Bourbons, le Tibre a des Césars [1]).

Ce n'est pas que le poëte brigaât des honneurs ou
une pension en adressant ces louanges au roi; tout ce
qu'il désirait, c'était d'inspirer au roi un certain intérêt
à la tâche qu'il s'était imposée, d'attirer son attention
sur les charmants boutons qu'avait produits la saine
littérature et à l'épanouissement desquels il ne manquait
plus que les rayons fertilisants de la faveur royale.
Afin de donner une juste idée du talent et de l'adresse
avec laquelle Boileau sait joindre à sa propre cause
ainsi qu'à celle de ses amis les éloges adressés au roi,
qu'il nous soit permis de citer le discours où Boileau
fait la critique des mauvais poëtes en leur refusant les
talents nécessaires pour chanter les exploits du roi et
en déclarant seuls dignes d'une pareille tâche des poëtes
tels que Corneille et Racine [2]).
Combien Boileau a réussi à gagner la faveur du
roi, voilà ce qui le prouve à l'évidence: c'est que ni
la foule de ses ennemis qui cherchaient à le priver de
la protection royale dont il jouissait, ni la franchise
qu'il montrait à la cour, ne parvinrent à ébranler sa
position auprès de sa Majesté. En tout temps, le roi
donna à Boileau des marques particulières de son
estime et de sa protection. Lorsqu'il accorda au poëte
un privilége „pour réimprimer les premières Pièces et
en publier des nouvelles“, il ordonna qu'on fit con-

---

[1]) Tome I. Ep. I. v. 92—99.
[2]) Comp. T. I. Discours au roi v. 54—67.

naître dans le privilège „la satisfaction qu'il avait reçue
par la lecture des ces ouvrages"[1]). Il „enfla" comme
Boileau le dit lui-même „le revenu" du poète, en le
gratifiant d'une pension et il daigna le nommer son
historiographe. Grâce à l'intervention royale, Boileau
fut élu membre de l'Académie, et lorsque le poète
revint de sa solitude d'Auteuil à Versailles pour raconter
au roi les derniers moments de Racine, celui-là le reçut
avec sa bonté habituelle et, quand Boileau se retira,
il lui dit: Souvenez-vous que j'ai toujours à vous donner
une heure par semaine, quand vous voudrez venir.

C'est donc ainsi que Boileau avait rempli la première partie de sa tâche: en démonétisant les mauvais
poètes en vogue par sa satire fine et bien tournée, en
s'assurant, grâce à son esprit d'équité, de l'appui et
de l'amitié des véritables talents et en obtenant la faveur royale, grâce à ses qualités d'auteur et à sa con-
duite prudente à l'égard du roi. Semblable à un pion-
nier Boileau avait réussi à frayer une route au génie
à travers les broussailles et le ronces qui embarrassaient
le passage; en même temps, il s'assurait ainsi une
première base à ses travaux ultérieurs.

---

[1]) V. Des Maizeaux p. 97.

Bien souvent on a comparé Boileau à Malherbe,
et non sans raison, il nous semble. Boileau l'avoue
lui-même, à ce qu'il paraît, dans ses vers si connus et
tant cités:

> Enfin Malherbe vint, et le premier en France,
> Fit sentir dans les vers une juste cadence;
> D'un mot mis en sa place enseigna le pouvoir,
> Et réduisit la Muse aux règles du devoir.

> Tout reconnut ses loix, et ce Guide fidèle
> Aux auteurs de ce temps sert encor de
> modèle.[1])

Car, en dépréciant tout ce qui précède Malherbe,
en ne faisant dater la littérature française que depuis
ce poëte, en adressant à ses contemporains ces paroles:

> Marchez donc sur ses pas[2])

il nous montre l'affinité intellectuelle qui existait entre eux.

Mais voici en quoi diffèrent ces deux poëtes dont
l'esprit a tant de ressemblance.

Tandis que Malherbe dans sa réforme, au lieu de
créer ne faisait qu'émonder, Boileau établissait sur les
ruines de la littérature qu'il avait renversée un autre goût,
dont il fixa les lois d'une manière aussi concise que
claire dans son Art poétique.

On est d'accord, à ce qu'il paraît, que Boileau
a rendu un service signalé à la littérature en ce qu'il
chassa les rimailleurs du Parnasse; pourtant les opinions
diffèrent, lorsqu'il s'agit de juger la réforme esthétique
qu'il a inaugurée dans son Art poétique. Afin de porter
un jugement juste et correct à l'égard de Boileau et
de son œuvre, il est indispensable de le juger à la

---

[1]) T. I. Art poét. I. v. 131—140.
[2]) ib. v. 141.

mesure de son temps, de l'apprécier en envisageant le milieu dans lequel il vivait.

Comme nous l'avons déjà mentionné plus haut, l'imitation servile de l'antiquité régnait en souveraine depuis le commencement du siècle en rejetant tout élément national et populaire. Cette tendance bien définie que Boileau rencontra dans la littérature d'alors, était en parfait accord avec ses propres penchants; et la lutte qu'il avait engagée n'avait donc eu d'autre but que celui de débarrasser la tendance classique de son temps de tous les défauts qui lui adhéraient et qui n'étaient qu'une conséquence de l'imitation exagéré des écrivains espagnols et italiens. Boileau réussit, il est vrai, à rejeter ce mauvais goût, mais il ne parvint pourtant pas à l'éliminer complètement. Il n'est donc pas étonnant que l'Art poétique porte surtout un caractère négatif quand il enlève ces excroissances maladives de la tendance littéraire de cette époque, tandis qu'ailleurs, où il traite des matières positives, il tire ses lois ou des anciens reconnus classique ou bien de certaines œuvres contemporaines, formées sur les modèles de ces classiques.

Il n'est donc pas vrai que Boileau ait voulu avec son Art poétique introduire une tendance nouvelle et absolument contraire à celle de son époque, mais il s'est proposé plutôt d'en parfaire une qui existait déjà et de la reproduire pure et vraie.

On trouvera peut-être étonnant que l'Art poétique soit écrit en vers: il semble que Boileau se soit laissé influencer par l'exemple d'Horace qu'il estime tant comme nous l'avons déjà démontré. Peut-être aussi pensait-il que, sous une telle forme, ses préceptes se graveraient mieux dans la mémoire. Il le donne même à entendre dans ce passage de son Art poétique où il dit:

> En mille écrits fameux la sagesse tracée
> Fut à l'aide des vers aux mortels annoncée,
> Et partout, des esprits ses préceptes vainqueurs
> Introduits par l'oreille entrèrent dans
> le cœur.[1])

Mais, après tout, Boileau en écrivant son Art poétique en vers voulut joindre l'exemple au précepte, tandis que, d'autre part, il était porté à poétiser des sujets qui y paraissaient les moins propres. Ainsi dans l'Epître sur l'amour de Dieu:

> .... J'entends déjà plus d'un fier scholatisque
> Qui, me voyant ici — — — — —
> En vers audacieux traiter ces points sacrés,
> Curieux, me demande[2]) etc.

et dans l'Epître sur les douceurs de la paix, où, selon la juste expression de M. La Harpe: „tout ce que la prose éloquente de Voltaire a consacré dans le siècle de Louis XIV: les lois, les manufactures, les canaux, la police, les travaux publics, la diminution des tailles, les édifices élevés pour les arts, tout est ici exprimé en bon vers[3])."

La plupart de ceux qui ont écrit sur Boileau, ont adopté l'opinion si répandue que l'Art poétique n'est qu'une pure imitation de celui d'Horace dont Boileau a accordé les préceptes au goût et au penchant de ses contemporains. Voilà une opinion qui n'est juste qu'en un sens bien restreint.

Déjà de son vivant, Boileau a été accusé de n'être qu'„un gueux revêtu des dépouilles d'Horace", et il s'en

---

1) T. I. Art poétique IV. v. 159—162.
2) ib. Ep. XII v. 163—166.
3) La Harpe: Cours de litt. T. VI p. 233. Comp. Boileau, œuvres T. I. Ep. I. v. 130—147.

est défendu lui-même en indiquant avec une exactitude mathématique, pour ainsi dire, „que dans son ouvrage qui est de onze cents vers, il n'y en a pas plus de cinquante ou soixante tout au plus imités d'Horace".[1])

Or, s'il s'agit de préciser les sources auxquelles Boileau a puisé pour son œuvre, il faut en citer encore toute une série d'autres.

Il nous semble qu'on n'a pas assez mis en évidence que son ouvrage le plus remarquable en prose, considéré jusqu'alors comme œuvre littéraire, savoir le Traité du Sublime, n'a eu, pour ainsi dire, d'autre but que de servir d'étude préparatoire à son Art poétique. Ce n'est pas, par pur hasard, que le Traité du Sublime et l'Art poétique ont paru en même temps,[2]) c'est qu'il y a d'intimes rapports entre ces deux ouvrages. Car dans l'Avertissement que Boileau mit à la tête de l'édition de 1674, et qu'il retrancha dans les éditions suivantes, il s'exprime distinctement de la manière suivante:

„J'ai fait originairement cette traduction pour m'instruire plutôt que dans le dessein de la donner au public". „Mais", poursuit-il, „j'ai cru qu'on ne serait pas fâché de la voir ici à la suite de la Poétique, avec laquelle ce Traité a quelques rapports et où j'ai même inséré plusieurs préceptes qui en sont tirés".[3])

A moins de nous tromper, il faut encore, en quelque sorte, compter parmi ces études préparatoires: „la dissertation-critique sur Joconde" que Boileau s'adressa

---

[1]) Des Maizeaux pag. 106.

[2]) 1674.

[3]) Avertissement sur l'édition de 1674. Comp. Des Maizeaux pag. 94. — Comp. p. e. Art poét. I. v. 3. T. II. Traité du sublime p. 243 A. p. III. v. 15, 20, 295, 310 — Traité du sublime p. 240, 244, 238 —

à lui-même sous forme d'une lettre. Il y mentionne le
motif d'une tragédie qu'il reconnaît à juste titre dans
„la jalousie qui naît d'une extrême amour." Il y développe les lois suivant lesquelles il faut raconter des
choses comiques; de plus, il y donne des règles générales auxquelles le style, surtout le style poétique doit
être soumis. C'est déjà ici qu'il veut „que toujours le
bon sens s'accorde avec la rime" de même que dans
son Art poétique, il donne dans sa dissertation le précepte fondamental de ses maximes, c'est-à-dire: „que
tout doit tendre au bon sens", — afin d'appliquer, de
préférence à sa prose, l'heureuse forme dont il revêt
ces mêmes idées dans son Art poétique.

Boileau a fait aussi quelques emprunts à „l'Art poétique françois" par Pelletier (publié en 1555), ainsi
qu'à celui de Vauquelin de la Fresnaye (1536—1606)
comme nous l'affirme M. de Castres dans l'intéressante
préface de son édition de l'Art poétique [1]).

Il résulte donc de tout cela que Boileau a tiré la
matière de son propre travail de toute une série d'autres
ouvrages, en même temps que de l'art poétique d'Horace.

Mais ce n'est pas tout.

Il faut surtout insister sur ce fait, assez peu connu
jusqu'ici et que Brossette aussi nous apprend en plusieurs endroits dans ses mémoires sur notre écrivain —
à savoir que Boileau n'a pas seulement puisé dans les
chefs-d'œuvre de son temps, mais qu'il a sans doute
aussi profité des entretiens de ses illustres contemporains pour établir les lois de son Art poétique [2]). C'est
donc dans ces réunions d'illustres personnages qui se

---

[1]) V. Édition de l'A. p. par de Castres — p. 5, rem. 2.
[2]) Comp. Kreyssig. Gesch. d. fr. Nat. Lit. 3. Aufl. p. 191.
„Boileau hat die Theorie der Kunst mehr vorgetragen als ge-
schaffen."

ténaient dans la maison de campagne du président de Lamoignon[1]) qui prit naissance, on a tout droit de le supposer, le code poétique du siècle de Louis XIV. De cette source jaillirent les idées auxquelles Boileau a donné un corps dans son Art poétique en y ajoutant ce tour épigrammatique que nous lui connaissons.

Le poême se divise en quatre chants. Dans le premier, le poëte expose ces préceptes généraux qui touchent tant à la prose qu'a tous les différents genres de la poésie. Une circonstance à remarquer c'est que, au XVIIème siècle, ce furent surtout ces règles générales de la poésie qui procurèrent de la gloire à notre poëte[2]), tandis que, de nos jours, on n'est que trop porté à ne leur reconnaître que des faiblesses.

Il ne faut pas s'étonner de ce que nous avons déjà dit plus haut, savoir que l'auteur érige comme loi fondamentale de son Code poétique la recherche continuelle de la raison et du bon sens, c'est-à-dire du vrai et de l'utile:

Aimez donc la raison. Que toujours vos écrits
Empruntent d'elle seule et leur lustre et leur prix. —
Rien n'est beau que le vrai: le vrai seul est aimable[3])

Boileau, en établissant à la tête de son œuvre ces principes comme principes fondamentaux démontre que pour lui, il n'existe entre la poésie et la prose d'autre différence que celle de la forme et que la seule limite qui les sépare toutes deux, ne consiste donc que dans la rime.

Ce qu'il y a de très intéressant dans son coup d'œil sur la poésie française avant Malherbe, intercalé

---

[1]) Des Maizeaux. p. 118.
[2]) Des Maizeaux. p. 256.
[3]) T. I. Art poët. I. v. 35—37 et Ep. IX. 43.

dans les maximes générales de son premier chant, c'est
qu'il nous fait voir — à part les suppositions erronées
qu'il renferme — le point de vue, sous lequel Boileau
envisage la littérature des siècles antérieurs comparée
à celle de son époque. Nous avons déjà insisté plus
haut sur ce point, et quant à ses opinions sur l'ancienne
littérature française, il reste à savoir, si Boileau en
avait réellement une parfaite connaissance ou bien s'il
se sentait, pour certains motifs, autorisé à la mépriser.
La remarque que Boileau ajoute à ce passage où il
parle de cette ancienne littérature, ainsi qu'un passage
de la Satire sur les femmes[1]), auquel jusqu'alors on ne
paraît pas avoir prêté l'attention qui lui est due, ex-
plique clairement qu'il ne l'a pas ignorée tout-à-fait.
On doit donc attribuer à cette adoration outrée et exclusive de l'antiquité le dédain et le mépris dont il
comble cette riche période de l'ancienne littérature
française. D'ailleurs on ne doit pas accuser Boileau
tout seul de ce mépris pour l'ancienne littérature, que
le XVIIème et le XVIIIème siècle ont partagé avec notre
poète.

Le second chant qui est consacré aux règles des
genres secondaires nous paraît le plus parfait et le plus
artistique. Le poète nous peint dans des tableaux
restreints, mais d'autant plus gracieux, l'idylle, l'élégie,
l'ode, le sonnet, l'épigramme, le rondeau, la ballade, le

---

[1]) T. I. Sat. X. v. 62—70.
Je sais — — que de maris trompés tout rit dans l'univers,
Epigrammes, chansons, rondeaux, fables en vers
Satire, comédie, et, sur cette matière — — —
J'ai lu tout ce qu'ont dit Villon et St.-Gélais
Arioste, Marot, Boccace, Rabelais,
Et tous ces vieux recueils de satires naïves
Des malices du sexe immortelles archives.

madrigal, la satire et le vaudeville où s'égayait la vieille
verve gauloise. Les définitions que donne le poète sont
des modèles du style qui convient à chaque genre de
composition; il joint ainsi l'exemple au précepte. Ce
qui est d'une perfection extraordinaire c'est ce passage
si charmant et peignant si bien la nature de l'élégie:

> La plaintive élégie, en long habits de deuil,
> Sait les cheveux épars, gémir sur un cercueil.
> Elle peint des amants la joie et la tristesse,
> Flatte, menace, irrite, apaise une maîtresse.
> Mais, pour bien exprimer ces caprices heureux
> C'est peu d'être poète, il faut être amoureux.[1])

Et la perfection avec laquelle il traite le sonnet qui,
selon lui, a été inventé par Apollon pour „pousser
à bout tous les rimeurs français"[2]) nous prouve qu'il
était passé maître dans ce genre poétique si difficile
à traiter.

Les règles de la tragédie, de la comédie et du
poème épique constituent la matière du IIIme chant.
Il n'est pas étonnant que Boileau, formé par le goût
de l'antiquité, déclare la mythologie antique absolument
nécessaire lorsqu'il s'agit de trouver le sujet d'une épopée
moderne, il n'est pas plus étonnant qu'il ne comprenne
pas la grandeur poétique du christianisme telle qu'elle
se développe dans la „Divina Commedia" du Dante, ni
qu'il parle du Tasse uniquement pour le déprécier. —
Personne n'ignore que Boileau ne savait pas se délivrer
de la fausse idée que tout le monde partageait à l'égard
de la tragédie conventionnelle de Racine en établissant
comme loi définitive les soi-disant unités d'Aristote —
circonstance d'autant plus digne de fixer l'attention, que

----

[1]) T. I. Art poét. II. v. 30—44.
[2]) T. I. Art poét. II. v. 83.

le même auteur donne des préceptes sur la comédie on ne peut plus justes en ce qu'il exhorte les poëtes à suivre la nature, à distinguer clairement les différents caractères, les différents âges et à étudier la vie de la cour comme celle de la ville. L'exemple des grands écrivains de son époque ne permit pas à Boileau de concevoir une théorie plus large et plus vraie de la tragédie. Peut-être Boileau s'était-il laissé influencer par le jugement désapprobateur que l'Académie porta sur le Cid, grâce auquel une idée plus large de l'essence de la tragédie eût pu gagner du terrain.

C'est avec raison, il nous semble, qu'on a blâmé Boileau d'avoir trop économisé ses louanges à Molière et de n'avoir fait aucune mention de Lafontaine dans le Code poétique de son siècle. Quelque raison que Boileau eût pu avoir pour un tel procédé, occasionné ou par l'ascendant de la cour ou par l'adoration exclusive de l'antiquité, la conclusion qui pourrait être tirée de là et qui, certes, le sera bien des fois, c'est-à-dire qu'il n'ait pas apprécié ces deux rares talents comme ils le méritaient, serait une grave erreur suivant ce que nous en avons dit plus haut.

Dans le dernier chant, le poëte reprend et complète les maximes générales développées dans le premier chant. Si le Dr. Strehlke, dans son intéressante étude sur Boileau[)] déclare: „dieser Gesang ist verhältnissmässig unbedeutend und kann ohne Schaden für das Ganze fehlen“; nous ne saurions partager son avis. Ce chant, il est vrai, n'a que de faibles rapports avec le sujet même de l'Art poétique. Mais il nous paraît pourtant d'une haute importance relativement à l'estime

---

) v. Archiv. f. d. St. d. n. Spr. vol. 17. livr. 1., Année 1855 p. 62.

accordée à la poésie et aux auteurs d'alors par les contemporains. A l'opposé des poètes en vogue, Boileau fut le premier à fournir l'exemple d'un caractère vrai et droit et à rendre à la poésie le prix qui lui était dû. Il n'était dépendant que du roi qui prétendait être l'État.

Boileau, lorsqu'il décrit la poésie dans ce IVème Chant comme un art qui „ennoblit" les hommes et, lorsqu'il exhorte les poètes à ne mettre leur plume qu'au service de la vertu, a ainsi contribué lui-même à élever les poètes et leurs œuvres dans l'estime générale, et voilà pourquoi on ne saurait refuser à ce IVème Chant une certaine importance par rapport au temps où il fut composé.

Après tout, quel que soit le point de vue, sous lequel on considère les préceptes de Boileau développés dans son Art poétique, il faut reconnaître que son œuvre reflète on ne peut plus fidèlement les efforts littéraires de son époque, et ce qu'il ne faut pas moins admirer, c'est le langage à la fois beau et énergique qu'on y rencontre et la variété des moyens dont il dispose pour traiter son sujet.

Dans la période où parut son Art poétique, une autre de ses œuvres les plus distinguées vint au monde, à savoir le Lutrin qui nous montre Boileau sous une nouvelle face, celle de poète créateur.

Ce que nous supposions à propos de l'Art poétique, nous le savons fort clairement par rapport au Lutrin; c'est qu'une de ces assemblées qui se tenaient chez le président de Lamoignon fit naître l'idée du Lutrin, et, c'est Boileau lui-même qui nous l'affirme dans l'Avertissement de la première édition (1674). Le président de Lamoignon, en présence de Boileau, avait jugé impossible de faire un poème sur un différend qui avait éclaté entre le Trésorier et le Chantre d'une église parisienne, la Sainte Chapelle, au sujet d'un Lutrin, que le Trésorier voulait faire placer dans le chœur malgré l'opposition du Chantre et des Chanoines. Boileau prétendit pourtant qu'on pouvait venir à bout de cette tâche, et c'est de là que naquit le Lutrin. [*]

Ce qui caractérise Boileau, c'est que l'idée qui lui suggérait le sujet de ce poëme, était une querelle et qu'il l'a composé complétement dans le style de la satire — circonstance qui nous prouve que cette fois même Boileau n'a pu se défaire de son penchant pour ce genre qu'il aimait; et, ce qui n'est pas moins caractéristique c'est la manière dont il s'acquitta de sa tâche. Loin de soumettre à ses amis un plan de son travail, il leur fit la lecture des 20 premiers vers, déjà revêtus de la forme sublime que nous connaissons aujourd'hui à tout son ouvrage. „Ce commencement les réjouit assez“ dit Boileau lui-même dans l'Avertissement de la première édition, retranché plus tard, „et“ continue-t-il, „le plaisir qu'ils y prenaient m'en fit faire encore vingt autres; ainsi de vingt en vingt vers, j'ai poussé enfin l'ouvrage à près de neuf cents.“ Voilà aussi ce qui nous prouve combien Boileau tenait plus à la perfection de la forme qu'à celle du fond.

Boileau introduisit avec le Lutrin l'Epopée comique dans la littérature française. Les règles dont il se servait pour donner une forme à ses idées, sont absolument celles de l'épopée, seulement Boileau sut les approprier au genre comique. Les personnages allégoriques qui s'y rencontrent sont ou des imitations de Virgile ou bien des personnages de sa propre invention. D'ailleurs beau-

---

[*] Chose curieuse que le tombeau de Boileau ait trouvé sa place dans la Chapelle même qui dans son Lutrin était la scène de l'action — la même Chapelle où il avait été baptisé. V. la Corresp. entre B. et Br. p. 326 et 583.

coup d'autres passages sont de même des contrefaçons
de Virgile, d'Homère, de Sénèque et, entre autres, de
la Secchia rapita du Tasse.

Le tout enfin n'est autre chose qu'une critique aussi
plaisante que modérée du clergé et surtout du bas clergé.
Boileau ne s'attaque qu'aux faiblesses et aux travers de
cette classe, et quant aux deux derniers chants qui blâ-
ment les doctrines des ecclésiastiques, nous avons vu
qu'il ne les a publiés qu'à une époque où il n'avait plus
rien à craindre de la part du clergé. Du reste, le con-
tenu serait encore plus agréable à lire, si une connaissance exacte des coutumes et des événements de cette
époque, n'étaient pas indispensable à qui veut jouir complètement de ce beau produit du talent de Boileau.

C'est donc dans cette deuxième époque — période
positive et créatrice, pour ainsi dire — que sont nées
les œuvres les plus distinguées de Boileau, à savoir son
Art poétique, œuvre qui a exercé tant d'influence sur
le développement de la littérature française, et le
Lutrin, œuvre qui nous fait connaître le talent créateur
de Boileau.*)

Grâce à ces œuvres remarquables, Boileau fut distingué par le roi qui d'abord lui accorda une pension,
ensuite, le nomma son historiographe et, par son intervention, lui ouvrit les portes de l'Académie, qui lui avaient
été fermées jusqu'alors. C'est ainsi que par ces actes

---

*) Outre les œuvres mentionées, une série d'Épîtres moins
importantes au point de vue littéraire ainsi que l'arrêt burlesque ont paru dans cette période qui embrasse l'espace de
1668—84. Ce sont suivant l'ordre chronologique les Épîtres 3, 4, 9
l'arrêt burlesque, puis les Épîtres 5, 6, 7 et 8. Il est remarquable qu'aucune satire n'a pris naissance dans cette période.

de glorification se termine dignement cette période des plus importantes de la vie de Boileau relativement à son activité et à son influence littéraires.

*　　　*　　　*

On n'a pas assez, nous paraît-il, apporté d'attention à la dernière époque de la vie de Boileau [1].

Certes, ses dernières œuvres littéraires [2] n'ont pas eu sur le développement de la littérature française une influence pareille à celles des périodes précédentes et ne les égalent pas non plus en valeur esthétique; et, au point de vue de la forme même que, jusqu'alors, Boileau avait traitée en maître, elles sont bien inférieures aux produits de sa muse plus jeune. Bien que Boileau avoue lui-même dans plusieurs passages des œuvres de cette dernière époque qu'il sentait diminuer sa verve littéraire, il n'a pas su prendre la rare et sage résolution de „terminer" à propos „sa course satirique." Il est bien vrai, et chacun le sait qu'il est difficile de renoncer volontairement à l'ascendant qu'on a exercé pendant longtemps sur le public, et l'on se persuade volontiers qu'on pourra toujours lui plaire. On se flatte que, quelque changement qui puisse arriver au corps, l'esprit conservera sa force et le goût sa délicatesse témoin ces vers de Malherbe:

> Je suis vaincu du temps; je cède à ses outrages;
> Mon esprit seulement exempt de sa rigueur,
> A de quoi témoigner en ses derniers ouvrages
> Sa première vigueur.

---

[1] de 1684—1711

[2] Ce sont — à part une série d'autres de peu d'importance — Ep. 12, Sat. 10 Ep. 10, 11, Sat. 11 Réflexions critiques, Sat. 12.

Les puissantes faveurs dont Parnasse m'honore,
Non loin de mon berceau commencèrent leurs cours;
Je les possédai jeune, et les possède encore
A la fin de mes jours[1]).

Cependant c'est sous un autre rapport que cette période mérite toute notre attention, parce que nous y apprenons le mieux à connaître le véritable caractère de notre poète. Dans la première époque, la fougue juvénile, avec laquelle il s'attaquait aux écrivains en vogue, le rendit aveugle aux mérites qu'après tout quelques-uns possédaient. Dans la deuxième époque, il paraît avoir trop cédé à l'influence de la cour; et voilà aussi ce qui lui a valu l'accusation d'un esprit haineux et d'un flatteur aux yeux de la postérité — accusation mise en lumière et aggravée à la fois par ce vers si connu et tant cité de Voltaire:

(Boileau) Zoïle de Quinault et flatteur de Louis.

Les influences qui se reflètent dans ces deux périodes ne se retrouvent plus dans la troisième — circonstance qui ne doit pas rester ignorée du moment que l'on veut se former une idée juste de cet homme. Il adoucit maint jugement trop sévère[2]), il se

---

[1]) Malherbe, Poésies Livre II dans l'Ode pour le roi allant châtier la rébellion etc. Comp. Des Maizeaux p. 310, 11.
[2]) Il déclare Chapelain bon grammairien. „Lorsque j'écrivis contre Quinault“, dit Boileau dans la Préface de l'édition de 1685, „nous étions tous deux fort jeunes et il n'avait pas fait alors beaucoup d'ouvrages qui lui ont dans la suite acquis une juste réputation.“ „Je veux bien aussi avouer qu'il y a du génie dans les écrits de — Scudéry, de Cotin même et de plusieurs autres que j'ai critiqués.“ — Il se réconcilie avec Perrault et „puisque le public avait été instruit de leur démêlé“ écrit Boileau à Perrault, „il était bon de lui apprendre aussi leur réconciliation“ (Des Maizeaux p. 238).

montre de nouveau indépendant de la cour tout en
conservant dans cette dernière période les bonnes qualités qui déjà le caractérisaient auparavant.

Aussi pouvons-nous reconnaître — suivant ce que
nous avons appris de son caractère et de ses différents
écrits — la justesse du portrait qu'il fait de sa personne avec autant de modestie que de vérité lorsqu'il dit:

Ce censeur qu'ils ont peint si noir et si terible,
Fut un esprit doux, simple, ami de l'équité,
Qui cherchant dans ses vers la seule vérité,
Fit, sans être malin, ses plus grandes malices
Et qu'enfin sa candeur seule a fait tous ses vices,
Dites que, harcelé par les plus vils rimeurs,
Jamais, blessant leurs vers, il n'effleura leurs mœurs;
Libre dans ses discours, mais pourtant toujours sage,
Assez faible de corps, assez doux de visage,
Ni petit, ni trop grand, très peu voluptueux,
Ami de la vertu plutôt que vertueux. [1])

Ce qui surprend à bon droit c'est que Boileau n'ait
pas pensé à mettre à profit les loisirs de la vie retirée
qu'il menait pour vaquer à la charge que le roi lui-
même lui avait imposée, d'écrire l'histoire „du siècle
de Louis le Grand", comme Boileau appelle son époque
dans une lettre adressée à M. Perrault. Il est vrai,
qu'à plusieurs reprises, Boileau parle de sa charge
d'historiographe de manière à faire supposer l'apparition
d'une œuvre remarquable en fait d'histoire, mais ce
qui n'est pas moins vrai, c'est que rien de pareil n'a
paru durant sa vie et que rien d'important à cet égard
n'a été trouvé dans les écrits qu'il a laissés. On lit, il
est vrai, dans les traités de l'histoire de la littérature

---

[1]) T. I. Ep. X 82—92.

française que ces ébauches ont péri dans une incendie,
mais on n'y rencontre malheureusement aucun indice
sur la source où l'on a puisé cette intéressante nouvelle; car ni dans les œuvres de Boileau, ni dans celle
de son biographe nous ne rencontrons rien qui puisse
servir d'appui à une telle supposition. Inutile de dire,
combien Boileau aurait su tirer parti de cet heureux
accident, et quelle excellente raison il y aurait trouvé
pour se justifier de n'avoir rien publié d'un travail dont
il s'est tant occupé à ce qu'il dit lui-même en plusieurs
endroits. A coup sûr, nous devons chercher ailleurs
la cause de cette absence presque complète de ses
travaux d'historiographe. Pour nous qui connaissons
les penchants de Boileau, nous croyons être dans le
vrai en supposant qu'il ne se sentait aucun disposition
pour une pareille tâche: témoin ce passage de son Art
poétique:

„Maigres historiens, suivant l'ordre du temps" [1]

écrit avant qu'il fût nommé historiographe. Mais la
raison la plus concluante de ce qu'il n'était pas apte
à écrire l'histoire c'est qu'il était, avant tout, l'apôtre
de la vérité. N'a-t-il pas dit:

J'appelle un chat un chat, et Rolet un fripon. [2]

Il fait observer plusieurs fois que l'importance des
louanges qu'il donnait au roi, consistait en leur véra-
cité. Lors de son entrée à l'académie, il annonça
à tout le monde que le roi l'avait choisi pour son historiographe parce qu'il l'avait reconnu „homme sans
fard et accusé plutôt de trop de sincérité que de flatterie" [3].

---

[1] T. I. Art poét. Ch. II v. 76.
[2] T. I. Sat. I v. 55.
[3] T. II. p. 52.

Or, il y avait dans l'histoire de Louis XIV. des faits qu'il était très-épineux de raconter dans toute leur vérité.

Suivant ce que Des Maizeaux nous affirme, Boileau lui-même, s'entretenant un jour avec une personne de mérite qu'il connaissait particulièrement, des difficultés qu'il y a à écrire l'histoire contemporaine, lui aurait avoué ingénument: „qu'il ne savait pas trop bien quelles raisons il pourrait alléguer pour justifier la guerre de 1671 contre la Hollande"[1]). Boileau n'a pas pu ignorer aussi que Mezéray, d'abord poëte, ensuite historien fut privé de sa pension à cause de la franchise avec laquelle il avait offensé Colbert, le Mécène de ce temps, dans son histoire contemporaine; ce qui nous prouve que, dans l'âge d'or de la littérature française, il était permis d'être poëte, mais non historiographe impartial.

Il résulte de tout cela que Boileau, s'il voulait écrire l'histoire de son temps, devait fausser la vérité historique, chose contre laquelle protestaient et sa droiture et sa sincérité, ou dépeindre les évènements tels qu'ils s'étaient passés — ce qui aurait attiré de graves désagréments à notre poëte[2]).

Aussi Boileau, vu cet état des choses, agit-il avec prudence en faisant espérer une histoire de son temps à ses contemporains jusqu'à ce que la mort l'acquitta de cette charge.

Boileau ne se trouve pas dans cette dernière époque, aussi isolé qu'on est porté à le croire. La correspondance qu'il entretenait alors avec Brossette et que nous possédons, nous montre cette période de sa vie sous

[1]) Des Maizeaux p. 285.
[2]) Cela est confirmé par ce que Des Maizeaux nous dit (p. 285), à savoir, que Boileau s'était toujours énoncé dans le sens de ne vouloir pas publier ladite histoire avant la mort du roi.

un jour moins triste qu'on ne se la représente ordinairement. En effet, la déférence vraiment filiale que le jeune Brossette, poussé par une admiration sincère, témoignait au poète vieillissant sous ses lauriers, est aussi touchante que la belle passion dont Boileau s'éprit pour ce jeune homme dont le nom si peu connu a traversé ainsi les siècles uni au nom immortel de Boileau-Despréaux.

La correspondance mentionnée plus haut ainsi que les mémoires de Brossette sur Boileau sont le beau fruit de la tendre amitié qui lia deux hommes si différents sous tant de rapports.

Non seulement ces écrits jettent une grande lumière sur cette dernière époque de la vie de Boileau, mais ils nous révèlent encore la nature des époques précédentes — circonstance dont nous avons déjà tiré parti plus haut.

Suivant la correspondance et les mémoires, l'activité de Boileau dans cette dernière époque — époque contemplative, pour ainsi dire — s'étendit essentiellement à la rédaction ainsi qu'à l'explication de ses œuvres.

Boileau jouissait, au déclin de sa vie, de ce rare bonheur de n'avoir point vu déprécier sa renommée qui avait même franchi les limites de son pays et s'était répandu à l'étranger.

Son influence s'étendit même au-delà du tombeau jusqu'à ce qu'une ère nouvelle vint ébranler cette autorité littéraire qui semblait être fondée pour l'éternité.

C'était l'école romantique qui s'appuyant sur un nouveau système poétique, plus libéral et ayant pour but un développement plus ample, plus national, enfin plus naturel de la littérature, devait s'attaquer aux maximes de Boileau, fondées sur une tendance trop restreinte et trop disciplinée.

Toutefois, la lutte alors engagée, n'a pas renversé complétement l'autorité de notre poëte.

Quoiqu'il en soit, nous ne sommes pas d'avis, que Boileau soit le législateur de tous les temps ainsi que le prétend l'école classique, mais il nous semble aussi peu juste de ne faire que blâmer le poëte et ses œuvres, comme l'école romantique l'a fait; nous appliquerons à Boileau qui avait su s'attirer les louanges des grandes personnalités littéraires de son siècle et exercer par là une influence salutaire sur eux, les paroles du poëte allemand:

Und wer den Besten seiner Zeit genug gethan,
Der hat gelebt für alle Zeiten!

Imprimerie de M. Marx à Posen.

216